CH. CHOBERT
Professeur de Droit à l'Institut catholique de Paris

LES DROITS DE LA MÈRE D'APRÈS LA LOI CIVILE FRANÇAISE

Extrait de la « Revue de l'Institut catholique ».

PARIS
SECRÉTARIAT DE L'INSTITUT CATHOLIQUE
RUE DE VAUGIRARD, 74

LIBRAIRIE CH. POUSSIELGUE
RUE CASSETTE, 15

MACON, PROTAT FRÈRES, IMPRIMEURS.

CH. CHOBERT
Professeur de Droit à l'Institut catholique de Paris

LES DROITS DE LA MÈRE D'APRÈS LA LOI CIVILE FRANÇAISE

Extrait de la « Revue de l'Institut catholique ».

PARIS
SECRÉTARIAT DE L'INSTITUT CATHOLIQUE
RUE DE VAUGIRARD, 74

LIBRAIRIE CH. POUSSIELGUE
RUE CASSETTE, 15

LES DROITS DE LA MÈRE

D'APRÈS

LA LOI CIVILE FRANÇAISE

Les questions qui se rattachent à l'organisation de la famille ne mettent pas seulement en jeu des intérêts privés ; elles présentent aussi, au point de vue de l'ordre social lui-même, une importance capitale.

La famille, en effet, est et demeure le fondement premier, l'élément essentiel de toutes les sociétés plus étendues qui se sont formées après elle : ce furent d'abord, suivant les lieux et les temps, des associations de familles rapprochées les unes des autres par la communauté d'origine, de sentiments et par le besoin de se défendre contre les ennemis qui entravaient leur libre développement ou menaçaient leur existence.

Ces diverses sociétés, sous l'impulsion de sentiments ou de nécessités analogues, formèrent à leur tour des groupements nouveaux et, par une évolution plus ou moins lente ou rapide suivant les circonstances qui la favorisaient ou lui faisaient obstacle, constituèrent ces peuples, ces nations, qui, dans l'infinie variété qu'elles offrent au regard du philosophe et de l'historien, ont toutes une origine semblable, et, si on peut le dire, le même berceau.

La famille d'ailleurs n'est pas absorbée dans l'organisme plus complexe et plus puissant dont elle fait désormais partie : elle conserve, au contraire, une existence qui lui est propre, un rôle que seule elle peut remplir; et la manière même dont se manifeste son existence, son activité, dont elle s'acquitte des fonctions qui lui sont dévolues, a, par la force des choses, son contre-coup sur l'existence de la nation tout entière.

La famille est, en premier lieu, comme la pépinière dans laquelle naissent et se développent les individus qui composent la société; elle a une autre fonction, d'un ordre plus élevé et dont l'importance n'est pas moindre : c'est dans la famille que se forment, s'affermissent, se perpétuent le caractère, les mœurs, les traditions qui sont comme l'âme des peuples et dans lesquels ceux-ci trouvent certaines des conditions essentielles de leur force et de leur prospérité.

La famille enfin est l'école des vertus privées qui sont la base des vertus publiques : le sentiment du devoir, l'esprit d'abnégation, le dévouement, le respect de l'autorité, de telle sorte qu'au foyer l'enfant, puis l'adolescent s'exerce à remplir plus tard, sans défaillance, tous ses devoirs de citoyen.

Si la famille est sagement organisée, si l'autorité des parents s'exerce avec la mesure et la fermeté qui lui conviennent, s'ils préviennent ou répriment les chocs que produisent, même entre frères et sœurs, la diversité des caractères et l'ardeur des passions naissantes, si, par leur exemple plus encore que par leurs conseils, le père et la mère font comprendre à l'enfant que cette autorité est la condition en même temps que la sauvegarde de son bonheur, qu'elle lui est beaucoup plus profitable qu'à eux-mêmes, — lorsque plus tard l'homme fait se trouvera en présence du pouvoir social qui ne se présentera pas toujours à lui dans des conditions ou sous des dehors qui exciteront sa sympathie, lorsque, dans l'ardente mêlée de la vie, il sera plus aisément frappé du conflit des intérêts en présence que de leur harmonie, il retrouvera ses impressions déjà lointaines et saura, dans les limites que l'honneur et le devoir lui permettent, faire, quoiqu'il lui en coûte, à ce principe d'autorité, à toutes les nécessaires exigences de l'ordre social, le sacrifice de ses ambitions les plus légitimes, parfois même des droits qui lui semblent le plus précieux.

Supprimez cet enseignement, tout frein est insupportable, toute contrainte odieuse, tout sacrifice une duperie : l'état de société n'est plus qu'un antagonisme aigu, une lutte sans merci. — Pouvons-nous ne pas voir quel danger court, dans de pareilles conditions, la paix sociale et de quel secours serait, pour le conjurer, l'apprentissage fait, grâce à la première éducation de la famille, des vertus dont l'absence est en grande partie la cause de la crise qu'elle traverse de nos jours?

Pour assurer à la famille la féconde et bienfaisante influence qu'elle doit avoir, le législateur, quoiqu'en aient pensé un grand nombre d'esprits superficiels, peut beaucoup.

Sans doute, en cette question plus qu'en aucune autre, les traditions et les mœurs ont une importance capitale, et, dans un certain sens, il est bien exact de le dire : « Les codes des peuples se font avec le temps, mais à proprement parler, on ne les fait pas. — Les lois doivent être adaptées au caractère, aux habitudes, à la situation des peuples pour lesquels elles sont faites »[1].

De ces éléments divers, le pouvoir social doit, en effet, constater l'existence ; il doit aussi, à la lumière de la loi morale, en vérifier le mérite, afin d'éviter de se laisser séduire par l'erreur ou de se faire, en ne leur opposant pas les répressions qui doivent en arrêter l'essor, complice des passions qui mettent en péril l'ordre social dont il a la garde.

S'agit-il du contrat qui fonde la famille? La loi en proclamera le double caractère d'unité et d'indissolubi-

1. Portalis, *Discours préliminaire sur le projet de* Code civil.

lité, sous peine de méconnaître, comme elle l'a fait en 1884, lorsqu'elle a rétabli le divorce, la nature du lien conjugal et de violer la tradition constante d'un pays que, depuis de longs siècles, le christianisme a si profondément marqué de son empreinte.

Les principes qui doivent présider à l'organisation de la famille nous sont révélés avec une clarté que l'on croirait être celle de l'évidence, s'ils n'avaient soulevé des contradictions : le sentiment ici est en parfait accord avec la raison.

Comme dans toute société, l'autorité est nécessaire dans la famille : autorité du mari à l'égard de la femme, autorité des pères et mères sur leurs enfants.

Pendant la période révolutionnaire, remarque encore Portalis, « on n'avait pas respecté l'autorité maritale et l'on avait renversé le pouvoir du père ». C'était l'une des manifestations de cet esprit révolutionnaire qui s'était glissé dans toutes les institutions et que le législateur de 1804 a, dans le même discours, répudié en des termes d'une énergique précision.

Il serait d'un très haut et très vif intérêt de rechercher comment le Code civil a fait application de ce principe d'autorité aux rapports entre les parents et leurs enfants : notre projet est moins vaste : nous voudrions seulement nous demander dans quelles circonstances et dans quelle mesure la loi française, à l'heure actuelle, accorde à la mère l'exercice de la puissance paternelle ; nous ajouterons à cet exposé un bref aperçu des dispositions du droit ancien et des principales législations étrangères ; l'indication des réformes qui nous semblent devoir être proposées, complétera notre étude.

« L'enfant, à tout âge, doit honneur et respect à ses père et mère ; il reste sous leur autorité jusqu'à sa majorité ou son émancipation ». (Art. 371 et 372 C. c.)

Ces deux textes, on le voit, ne font aucune distinction

entre le père et la mère : envers chacun d'eux, les enfants sont tenus du même devoir.

On a parfois exprimé le regret que cette affirmation eût pris place dans nos lois où elle a plutôt le caractère d'un précepte de morale que d'une prescription du pouvoir social : quel que soit le mérite de cette observation, nous ne saurions regretter que le législateur nous ait révélé les préoccupations aussi justes qu'élevées qui ont inspiré cette partie de son œuvre, et dicteront les règles de détail qui en préciseront la portée.

L'affirmation de l'existence, au profit de la mère, d'un droit égal à celui du père, soulevait une difficulté très grave et très délicate, car l'autorité ainsi partagée sera, semble-t-il, presque nécessairement en lutte avec elle-même; et, au grand dommage de la famille, particulièrement des enfants, elle s'annihilera dans des conflits sans issue.

Le législateur ne pouvait pas ne pas voir ce danger; pour l'écarter, il a décidé que « le père exerce seul l'autorité paternelle pendant le mariage ».

Qu'est-ce à dire ? Aurait-on proclamé le droit de la mère dans le but unique de rendre à celle-ci un hommage purement platonique ? Serait-il vrai que, par la plus étrange des contradictions, le droit, si nettement consacré, n'est, du moins tant que durera l'association conjugale, rien de plus qu'un droit inerte, sans valeur, disons-le : sans existence réelle ?

L'objection est pressante, voici ce qu'on peut y répondre.

La prééminence accordée au père, au point de vue de l'exercice de l'autorité paternelle, n'implique pas négation du droit de la mère ; ce droit acquerra toute son efficacité, s'exercera dans toute son ampleur dès le moment où celui du père cessera d'exister ; de plus, même pendant le mariage, le droit de la mère est certain, incontestable ; mais il passera de la puissance à l'acte alors seulement que le père ne pourra plus exercer son autorité.

Gardons-nous enfin de croire que, pendant le temps où tous les attributs de la puissance familiale appartiennent au père seul, toute participation effective en soit refusée à la mère : celle-ci, bien au contraire, si elle sait remplir sa mission, pourra entrer, en quelque sorte, d'une manière indirecte sans doute, mais très réelle et très salutaire pour tous, en collaboration avec le chef de la famille : le contrôle discret et vigilant que sa délicatesse et son affection sauront faire accepter, constitue au profit des enfants une garantie précieuse et qu'à bon droit le législateur a jugée supérieure à toute autre.

D'ordinaire, en effet, celui à qui sont confiés les intérêts d'un mineur est soumis à la surveillance d'un subrogé-tuteur et placé sous la dépendance d'un conseil de famille; or, par une exception unique, il en est tout autrement du père, pendant le mariage : durant toute cette période, nous ne trouvons auprès ou au-dessus de lui ni subrogé-tuteur, ni conseil de famille, la présence de la mère suffit à protéger les intérêts de l'enfant; la double sollicitude dont celui-ci est entouré, sollicitude égale, si différente qu'en puisse être d'ailleurs l'inspiration, constitue pour lui la plus complète sauvegarde.

Mais, dès le moment où la mère viendrait à disparaître, l'enfant a perdu en elle un de ses protecteurs naturels : l'équilibre entre ses intérêts et les garanties qui lui sont nécessaires, se trouve rompu, l'autorité du père n'a plus son contre-poids : le législateur intervient, à ce moment précis, pour constituer, avec son organisation complexe, une tutelle jusqu'alors superflue, devenue désormais indispensable.

Tout droit auquel n'est pas attachée une sanction, est sans efficacité réelle : en sera-t-il ainsi de la participation de la mère à la puissance paternelle?

Il se peut que le père n'ait pas égard aux avis, aux conseils de la mère et ne tienne aucun compte de ses prières même; malgré ses représentations il soumet, par exemple, l'enfant à un mode d'éducation de nature à compromettre sa santé : la mère, sans aucun doute, peut provoquer contre son mari la déchéance de la puissance paternelle, supposé bien entendu que le père se soit rendu coupable des faits très graves qui, aux yeux de la loi, entraînent cette déchéance ; mais, sans recourir à une aussi grave extrémité, aura-t-elle, du moins, le droit de s'adresser aux tribunaux afin d'obtenir d'eux une décision qui concilie avec les droits du père les intérêts de l'enfant et son propre droit, auquel sa conscience ne lui permet pas de renoncer?

Un pareil recours, a-t-on dit, doit être énergiquement repoussé, car il aboutit à reconnaître à un tribunal la faculté de substituer ses vues particulières à celles du chef. Sans doute, lorsque la femme est personnellement victime d'un abus d'autorité de la part du mari, elle peut former une demande en divorce ou en séparation de corps, et à l'occasion de cette action, si elle est admise, les tribunaux pourront régler les conditions de la garde de l'enfant; mais la mère ne peut avoir d'autre moyen de tenir en échec et de faire réformer les décisions et les actes de son mari.

Cette théorie, si l'on se place au point de vue du législateur, ne nous paraît pas exacte.

Constatons tout d'abord que le droit de demander, soit le divorce, soit la séparation de corps, constitue pour la mère une ressource tout à fait insuffisante.

Ce droit, on le sait, ne pourrait être exercé avec succès que si le mari s'était rendu coupable d'injure grave envers sa femme ; or, très souvent sa résistance n'aura pas eu ce caractère : l'injure implique l'idée de dédain, de mépris, des actes ou des paroles constituant une offense assez caractérisée pour justifier la rupture du lien conjugal ou l'atténuation des obligations qu'il impose : n'arrivera-t-il pas au contraire que le mari en n'acceptant pas les vues de sa femme ne se sera inspiré que de ce qu'il considérait comme l'intérêt de l'enfant, de telle sorte qu'il aurait cru manquer à son devoir s'il eût tenu une conduite différente de celle qu'on lui reproche?

De plus, une instance en divorce ou en séparation, fût-elle légalement justifiée, la mère pensera à la situation douloureuse que ferait à ses enfants le jugement qui accueillerait la demande; les époux peuvent trouver quelque satisfaction dans une décision de cette nature, les enfants en sont toujours les victimes : la mère le sait, et cette seule réflexion lui fera repousser un pareil remède.

On ne doit pas enfin l'oublier, le divorce et la séparation de corps sont la sanction à laquelle la femme mariée se résignera peut-être à recourir lorsque seront méconnus les droits qui lui sont personnels; or, ce ne sont pas ces droits qu'elle invoque, ce n'est pas à leur sujet qu'elle en appelle à la justice pour obtenir protection; ce qui la préoccupe, ce qui est en cause, ce sont les droits de ses enfants; pour elle, elle ne demande que la liberté de remplir tout son devoir envers eux, de pouvoir faire en sorte que leurs intérêts matériels, intellectuels ou moraux soient sauvegardés. Ce devoir, la loi elle-même l'impose expressément à la mère, car « les époux contractent ensemble, par le seul fait du mariage, l'obligation de nourrir, d'entretenir et d'élever leurs enfants »; dans cet ordre d'idées, ni le divorce, ni la séparation ne pourraient être prononcés; l'autorité du père sera-t-elle donc sans contrôle ni contre-poids?

La jurisprudence ne l'avait pas pensé : elle considérait que les tribunaux étaient investis du droit d'intervenir pour réformer, en prescrivant toutes les mesures que leur dicterait le souci des intérêts de l'enfant, les abus de la puissance paternelle; la mère avait, plus que toute autre personne, qualité pour provoquer cette intervention.

Ainsi se trouvaient conciliés de la façon la plus heureuse les droits du père avec ceux de la mère et des enfants, car elle permettait de mesurer exactement les limites apportées à l'autorité du père à la gravité des faits qui rendaient ces limites nécessaires.

Le droit de la mère, incertain jusqu'à ces dernières années, malgré les décisions dont nous venons de parler, est maintenant hors de toute contestation, mais en fait, il est, dans son exercice, restreint d'une façon très regrettable.

La loi du 24 juillet 1889, sur la protection des enfants maltraités ou moralement abandonnés, permet à tout parent, au degré de cousin germain ou à un degré plus rapproché, de demander aux tribunaux la déchéance de la puissance paternelle contre les père et mère qui « par leur ivrognerie habituelle, leur inconduite notoire et scandaleuse ou par de mauvais traitements compromettent soit la santé, soit la sécurité de leurs enfants » ; mais le juge ne conserve pas le pouvoir d'appréciation que lui reconnaissait la jurisprudence ; la puissance paternelle est considérée comme indivisible, la déchéance, si elle est encourue, aura nécessairement une portée absolue et ne pourra plus être prononcée pour partie seulement.

En d'autres termes, la loi de 1889 qui, dans son point de départ et sa donnée générale, constitue un réel progrès, adopte un système que l'on peut qualifier d'un mot qui est sa condamnation : le système du tout ou rien ; a cette interprétation humaine, rationnelle, qui, pouvant restreindre ou modifier entre les mains du père et de la mère les attributs de la puissance paternelle suivant la diversité presque infinie des circonstances, protégeait l'enfant aussi bien contre l'inexpérience ou l'insouciance du père que contre l'oubli volontaire et gravement coupable de ses devoirs, on a substitué des règles inflexibles : le juge n'aura plus aucun pouvoir d'appréciation, il lui est interdit de proportionner son intervention aux faits qui lui seront soumis : il devra donc, ou bien prononcer contre le père une déchéance qui lui paraîtra trop sévère, ou laisser à l'abandon les intérêts qui lui étaient confiés.

La même alternative s'imposera à la mère et paralysera entre ses mains l'exercice d'un droit qu'on amoindrit au moment même où on le déclare incontestable.

Nous voudrions pouvoir donner de la loi une interprétation plus satisfaisante, la volonté du législateur est trop formelle pour le permettre ; à deux reprises elle fut proposée au cours de la discussion, tour à tour le Conseil d'État et la chambre des députés refusèrent de l'admettre; le devoir de l'interprète est tout tracé : c'est un procédé à la fois irrégulier et dangereux de modifier une loi dont la signification est certaine, sous prétexte d'en prévenir les dangers et d'obtenir des résultats meilleurs.

Tels sont, dans leur conception la plus générale, les devoirs et les droits de la mère, la place, en d'autres termes, que la mère occupe dans la famille et le rôle qu'elle est appelée à y jouer.

Nous n'entreprendrons pas de présenter le commentaire détaillé des textes nombreux dans lesquels le législateur a développé sa pensée ; nous nous bornerons, quant à présent, à résumer ces textes aussi brièvement qu'il nous sera possible. Cette méthode aura l'avantage de mieux répondre à notre dessein et sans doute au désir de nos lecteurs.

Même pendant toute la période durant laquelle l'exercice de la puissance paternelle est réservé au père, l'autorité de la mère n'est pas, on l'a vu, complètement absorbée par celle de son mari. Pour achever ce que nous avons dit sur ce point, il nous reste à indiquer comment cette autorité peut se manifester à l'occasion, soit du mariage, soit de l'adoption de l'enfant.

« Le fils qui n'a pas atteint l'âge de vingt-cinq ans accomplis, la fille qui n'a pas atteint l'âge de vingt-un ans accomplis, ne peuvent contracter mariage sans le consentement de leurs père et mère; en cas de dissentiment, le consentement du père suffit. » (Art. 148, C. civ.) [1]

L'enfant, lorsqu'il a encore son père et sa mère, doit certainement demander le consentement de chacun d'eux; tant qu'il n'aura pas rempli, même à l'égard de sa mère, ce devoir d'honneur et de respect, l'officier de l'état civil ne pourra pas procéder à la célébration du mariage, et la mère aura la faculté de prévenir cet officier public, afin d'éviter que le mariage ne soit indûment célébré; mais elle ne pourrait pas former opposition au mariage ; on comprendrait cependant qu'elle y songeât, car, à la différence de l'avis officieux dont nous venons de parler et qui n'a plus de valeur dès que l'enfant prouve qu'il a demandé le consentement de sa mère, l'opposition ferait obstacle à la célébration tant que l'enfant n'en aurait pas obtenu main-levée, soit de sa mère qui, probablement sera peu disposée à y consentir, soit de justice. Malgré l'intérêt que ce droit d'opposition présenterait à la mère, il faut le lui refuser, car c'est seulement « à défaut du père » que la loi le lui accorde.

La mère, privée du droit d'opposition ne peut pas davantage demander la nullité du mariage contracté par son enfant sans son consentement.

Une décision inverse de celle que contient l'art. 148 est admise par la loi lorsque l'enfant ayant encore son père et sa mère, celle-ci a obtenu, en même temps qu'un jugement prononçant à son profit le divorce ou la séparation de corps, la garde de ses enfants : le consentement de la mère suffira pour que les enfants puissent contracter mariage, mais le consentement du père devra encore être demandé (Art. 152, C. civ.).

1. La même règle s'appliquera au fils qui se disposerait à recevoir les ordres, ou à la fille qui voudrait entrer en religion.

Lorsqu'il s'agira de l'*adoption* d'un enfant qui n'aurait pas accompli sa vingt-cinquième année, la loi exige le consentement des père et mère de cet enfant ; si l'enfant est majeur de vingt-cinq ans, il sera tenu de réclamer leur conseil ; la même règle s'applique à la tutelle officieuse.

Le consentement de la mère est ici nécessaire au même degré que celui du père, et par suite, si la mère le refusait, l'adoption ne pourrait pas avoir lieu.

En dehors des hypothèses que nous venons d'étudier, la mère, tant que le mariage dure et que le père est capable d'exercer les droits qui lui appartiennent en cette qualité, n'a aucune part directe à l'exercice de la puissance paternelle ; l'autorité de la mère reprend au contraire toute son énergie et sa pleine application lorsque le père ne peut exercer celle dont il était investi.

Ce sera le plus souvent par suite de la dissolution du mariage, soit par la mort, soit par le divorce, que s'opérera la substitution de la mère au père, mais ces deux circonstances ne sont pas les seules et il faut dire de la manière la plus large que la mère exerce la puissance paternelle toutes les fois que le père, absent par exemple, ou interdit, sera dans l'impossibilité de fait ou de droit de l'exercer lui-même.

Cette règle générale comporte un certain nombre de restrictions importantes : tantôt, en effet, la loi en écarte l'application, tantôt elle met aux droits de la mère des limites qu'elle n'impose pas au père.

En premier lieu, lorsque le père est déchu de la puissance paternelle, la mère est elle-même directement atteinte avec lui ; mais la juridiction compétente peut décider si, dans l'intérêt de l'enfant, la mère exercera les droits de la puissance paternelle.

Une règle identique s'appliquerait si le père déchu contractait un second mariage : sa nouvelle femme n'aurait pas la puissance paternelle sur les enfants issus de cette union ; elle pourrait seulement demander que cette puissance lui soit attribuée.

Le législateur a jugé que toute autre solution n'assurerait aux enfants qu'une protection insuffisante, car sans s'arrêter à cette idée fréquemment démentie par les faits, que la mère avait été complice des crimes ou des délits dont son mari s'était rendu coupable, du moins a-t-on craint qu'elle n'eût pas assez d'énergie pour soustraire ses enfants à l'influence de leur père.

Dans toutes les autres circonstances où le père fera défaut, la mère le remplacera dans l'exercice de la puissance paternelle : elle pourra donc, en principe et sous réserve des décisions que nous allons signaler, présider, comme le pouvait le père, à l'éducation des enfants et la diriger ; comme lui, consentir à leur mariage, faire, s'il y a lieu, opposition à ce mariage, en demander la nullité, autoriser l'adoption, prononcer l'émancipation, permettre à l'enfant de faire le commerce, passer pour lui un contrat d'apprentissage ; son pouvoir d'appréciation est entier, elle l'exercera sans être tenue d'obtenir ni solliciter d'adhésion, soit des parents paternels de l'enfant, soit du conseil de famille.

La plus importante des limites apportées au pouvoir de la mère concerne le droit de correction.

Lorsqu'un père a contre son enfant des sujets de mécontentement très graves, il peut, à moins que cet enfant ait atteint l'âge de 16 ans, qu'il possède des biens ou exercé un état, le faire détenir pendant un temps qui ne peut excéder un mois ; le père agit alors *par voie d'autorité*, c'est-à-dire que l'autorisation de la justice ne lui est pas nécessaire ; le président du tribunal ne pourra pas lui refuser l'ordre d'arrestation que seul d'ailleurs il peut délivrer, puisqu'il s'agit d'un acte de la puissance publique.

La mère, au contraire, ne peut jamais exercer le droit

de correction par voie d'autorité ; l'autorisation du président du tribunal devra toujours être demandée et toujours ce magistrat pourra la refuser; en second lieu, la mère ne pourra faire détenir l'enfant qu'après avoir obtenu l'assentiment des deux parents paternels les plus proches.

Le deuxième mariage a de plus pour la mère une conséquence beaucoup plus grave que pour le père : ce dernier, s'il se remarie, perd seulement le droit de faire détenir d'autorité son enfant : la mère perd le droit de correction lui-même ; du reste, si elle devient veuve de nouveau, elle recouvrera le droit de correction dans les conditions où elle le possédait avant son deuxième mariage.

Le droit de grâce est le complément du droit de correction : le père peut toujours l'exercer, il n'appartient au contraire à la mère que dans les mêmes limites que le droit de correction.

Avec les droits sur la personne, la puissance paternelle investit celui des père et mère qui l'exerce de droits sur les biens de ses enfants.

La mère aura donc à notre avis, de ce chef, à défaut du père, et l'administration légale et la jouissance de ces biens; toutefois, à la dissolution du mariage, elle perdra, comme la perdrait le père, l'administration légale; quant à la puissance légale, la mère en est privée quand elle contracte un second mariage.

La mort du père n'a pas seulement pour effet de conférer à la mère l'exercice de la puissance paternelle, elle l'investit de plus de la tutelle légale de leurs enfants mineurs; mais cette tutelle de la mère est soumise, elle aussi, à des règles particulières qui appellent toute l'attention.

a. Le père peut donner à la mère survivante et tutrice un conseil spécial sans l'assentiment duquel elle ne pourra faire les actes relatifs à la tutelle.

C'est, qu'on le remarque, à la tutrice mais non pas à la mère que peut être imposé ce conseil; le mari ne peut donc restreindre ceux des droits de la mère qui sont la conséquence de la puissance paternelle, tels que le droit d'éducation ou de correction.

b. La veuve, tutrice légale de ses enfants, qui se remarie, perd cette tutelle si le conseil de famille ne la lui conserve pas; elle la perd également si elle a négligé de convoquer le conseil; quand la tutelle lui est conservée, le second mari est nécessairement co-tuteur et en toutes choses son concours est indispensable à la mère; avec elle, il est responsable de la gestion de la tutelle.

La mère, lorsqu'elle est écartée de la tutelle, ne peut plus désigner un tuteur en vue du moment où elle-même viendra à mourir; ce droit continue au contraire de lui appartenir quand elle est maintenue dans la tutelle légale, mais son choix devrait être ratifié par le conseil de famille.

c. Quand, à la mort de l'enfant, la mère est enceinte, le conseil de famille nomme un curateur chargé de prendre les intérêts de l'enfant et de toutes les personnes pouvant avoir des droits sur la succession du mari prédécédé. La nomination de ce curateur a pour but d'éviter que la mère ne fasse disparaître l'enfant, suppose un accouchement qui n'aurait pas eu lieu, ou enfin substitue un autre enfant à celui qu'elle aurait mis au monde.

Nous n'avons parlé jusqu'ici que de la mère légitime, notre étude serait incomplète si nous ne disions pas quelques mots des droits de la mère naturelle.

Les obligations réciproques des père et mère envers leurs enfants et de ceux-ci à l'égard de leurs parents, la puissance paternelle, qui est la conséquence et la garantie des uns et des autres, dérivent non pas du mariage, mais du fait même de la génération; aussi, le législateur a-t-il « résolu de donner aux père et mère naturels une puissance et des devoirs semblables à ceux auxquels donne naissance une union légitime »[1].

Les enfants naturels doivent donc honneur et respect à leurs père et mère; les parents naturels doivent, de leur côté, nourrir, entretenir et élever leurs enfants, leur consentement est nécessaire pour que leurs enfants puissent contracter un mariage valable, ils peuvent exercer le droit de correction.

Mais, par l'effet soit de la nature même des choses, soit de la volonté du législateur, les règles de la puissance paternelle sont, sur plusieurs points, modifiées et quelques-uns de ses attributs restreints entre les mains des parents naturels.

On doit, par conséquent, écarter les dispositions qui supposent, au moins dans la pensée du législateur, des parents entre lesquels existe une union légitime; il ne peut donc être question, au profit des père et mère naturels, ni de tutelle légale, ni du droit d'instituer un tuteur testamentaire; nous ne leur accorderons pas davantage l'administration légale, non plus que la jouissance des biens de leurs enfants.

Occupons-nous exclusivement, pour nous renfermer dans le plan que nous nous sommes tracé, des droits de la mère naturelle.

Si l'on suppose que l'enfant a été reconnu par son père et par sa mère, le premier pourra-t-il invoquer la prééminence qui appartient au père légitime?

Il peut bien sembler, a-t-on dit, que cette prééminence se soit imposée en quelque sorte au profit du père légitime, car on comprendrait malaisément que l'autorité paternelle et l'autorité maritale ne soient pas réunies dans les mêmes mains, celles du chef de famille; là, au contraire, où il n'y pas mariage, il n'y a pas de famille, et l'union formée

1. Tronchet, discussion au Conseil d'État.

en dehors des prévisions du législateur et des conditions consacrées par lui, reçoit légitimement une organisation différente. La situation est semblable à celle que créerait le divorce s'il était prononcé : la prééminence du mari disparaît alors avec le mariage ; comment l'admettre lorsque le mariage n'a jamais existé?

Ce raisonnement, quelque puisse être son mérite au point de vue législatif, n'est certainement en harmonie, ni avec l'intention des auteurs du Code, ni avec les textes eux-mêmes. Pour le législateur de 1804, la prééminence du père a surtout sa raison d'être dans le besoin d'unité sans laquelle tous les intérêts moraux et matériels de la famille lui paraissaient en péril; or, ce besoin d'unité n'a pas moins de force à l'égard des enfants nés hors mariage; le législateur a nettement montré que tel était son sentiment, lorsque, à plusieurs reprises, il a étendu aux enfants naturels les règles auxquelles il avait antérieurement soumis les enfants légitimes (art. 158, C. c.).

Regrettons cependant de ne pas trouver dans la loi la solution formelle et générale d'une question aussi importante et aussi délicate.

Si le père n'est pas légalement connu, ou s'il est dans l'impossibilité d'exercer la puissance paternelle, la mère naturelle l'exerce à sa place ; mais ici encore, sur plus d'un point, on doit reconnaître l'insuffisance de la loi et la nécessité pour l'interprète de combler les lacunes qui s'y rencontrent.

La mère naturelle a certainement le droit de consentir au mariage ou à l'adoption de ses enfants, à leur entrée dans les ordres sacrés, etc. ; elle aura de même le droit de correction et elle l'exercera dans les mêmes conditions que la mère légitime devenue veuve, mais non remariée, c'est-à-dire que le président du tribunal pourra refuser son autorisation; elle devra de plus s'assurer l'adhésion de deux personnes connues pour avoir eu des relations habituelles d'amitié avec le père de l'enfant.

Par analogie encore, on doit étendre à la mère naturelle qui se marie avec un autre que le père de l'enfant, les règles appliquées à la mère légitime qui, devenue veuve, contracte un second mariage ; elle perdra donc le droit de correction ; nous exigerions même qu'elle convoque alors le conseil de famille, afin que celui-ci décide s'il doit lui conserver la tutelle qu'il lui aurait antérieurement conférée.

Si nous ne nous faisons illusion, le bref résumé qui précède suffit, sans qu'il soit nécessaire de le surcharger de plus nombreux détails, à faire comprendre quel est le système adopté par le législateur, au point de vue des droits de la mère ; ce système nous semble pouvoir se résumer dans les deux idées suivantes :

La puissance paternelle appartient à la mère comme au père, le droit de l'un et de l'autre est de même nature ; l'enfant, de son côté, est tenu, envers chacun d'eux, des mêmes devoirs d'honneur, de respect et d'obéissance ;

Mais lorsque, passant de l'étude du principe à ses applications, l'on compare la situation des deux époux, on constate que la mère est dans un état d'infériorité marquée, dont nous avons signalé les multiples manifestations [1].

La loi romaine, surtout si on l'étudie dans ses origines, nous présente de l'autorité paternelle une conception d'une puissante originalité, d'une logique rigoureuse, dont, malgré la différence des temps et des mœurs, il n'est pas

1. Parmi les ouvrages qu'il serait intéressant de consulter, mais dont la liste serait trop longue pour qu'il soit possible de lui donner place ici, on nous permettra de signaler le plus récent et l'un des plus considérables : nous voulons parler du « Traité de la puissance paternelle », de notre distingué collègue M. H. Taudière, qui, après un brillant concours, a été couronné, il y a trois ans, par l'Académie des Sciences morales et politiques.

superflu, même pour l'intelligence de notre législation moderne, de rappeler en quelques mots les vicissitudes.

A Rome, la famille reçut d'abord une organisation factice, artificielle. Dans le but d'assurer dans l'État la conservation de la religion, des fortunes privées et des mœurs nationales, la loi des XII Tables établit sur des bases qu'elle croyait inébranlables l'unité de la famille, en conférant au *paterfamilias*, et à lui seul, un pouvoir absolu sur le culte, sur les personnes et sur les patrimoines; faisant abstraction des droits de la nature, elle ne tint compte que de la parenté masculine : la famille agnatique ainsi constituée eut seule, à l'exclusion de la famille naturelle, des devoirs et surtout des droits; dès lors, au point de vue légal, l'enfant était, dans le sens le plus rigoureux du mot, étranger à sa mère et aux parents de celle-ci; nul lien juridique, partant nulle autorité, nulle obligation non plus n'existait entre eux.

Le chef de famille avait le droit de vie et de mort sur les enfants soumis à sa puissance; à lui seul appartenait le droit de les élever, de consentir à leur mariage, de rompre le lien conjugal qui n'avait pu se former sans son autorisation, d'exclure, s'il lui convenait, les enfants de la famille, par l'émancipation : en aucun cas il n'était tenu de consulter la mère. A la vérité, le tribunal domestique pouvait exercer une sorte de contrôle sur les actes du *paterfamilias* : mais il est douteux que la mère fît partie de ce tribunal, dont l'intervention d'ailleurs n'était pas une condition de validité des actes accomplis par le père.

Il pouvait arriver cependant que le mariage créât entre la mère et les enfants le lien juridique qui ne résultait pas du fait seul de la maternité : le mari pouvait, en effet, moyennant l'accomplissement de certaines conditions, acquérir sur sa femme une autorité semblable à l'autorité paternelle; la femme, alors placée *in manu mariti*, était désormais à l'égard de celui-ci *loco filiæ*, prenait par conséquent dans la famille agnatique place auprès de ses enfants, soumise à la même puissance, tenue des mêmes devoirs, jouissant aussi des mêmes droits qu'eux; mais si, d'une manière ou d'une autre — ce pouvait être par la volonté du mari —, la *manus* prenait fin, le rapport juridique qui en avait été la conséquence entre la mère et les enfants était lui-même anéanti.

Jamais la mère, qu'elle fût ou non *in manu mariti*, n'avait la puissance paternelle à défaut du mari, la disparition du mari pouvait même amener l'interversion des rôles et des situations respectives des membres de la famille qui lui survivaient; la mère, en effet, si elle se trouvait *in manu*, tombait sous la tutelle de celui que le mari aurait désigné, ou, en l'absence de cette désignation, sous la tutelle du plus proche agnat, c'est-à-dire, le plus souvent, de son propre fils.

A cette époque encore reculée, les mœurs se montraient moins rigoureuses que les lois; si les Romains dédaignaient la femme à raison de son sexe, ils honoraient l'épouse présidant au foyer domestique et lui confiaient le soin d'élever ses enfants jusqu'à leur adolescence.

Le préteur de son côté, toujours attentif à corriger le droit civil ou à le compléter lorsqu'il en était besoin, appela la mère à recueillir la succession de ses enfants; les droits de la maternité n'étaient donc plus méconnus, sans toutefois que pleine satisfaction leur fût donnée, car la mère ne venait pas à cette succession en qualité d'héritière légitime; simple cognate ne pouvant invoquer que le lien du sang, elle devait s'effacer devant les agnats qui, composant la famille civile, étaient préférés à ceux qu'appelait seulement la législation prétorienne.

Vers le milieu du IIe siècle de l'ère chrétienne, intervinrent deux sénatus-consultes : l'un confirmait, en lui donnant un caractère juridique nouveau, le droit de succession que le préteur avait précédemment accordé à la mère; l'autre complétait cette réforme en appelant les enfants, également en qualité d'héritiers légitimes, à la succession de leur mère.

L'évolution se poursuit, le progrès s'accentue, mais laisse subsister trop profonde encore l'opposition entre les institutions juridiques et le droit naturel :

L'enfant doit le respect à sa mère, il ne peut exercer contre elle aucune de ces actions qui pourraient entacher son honneur ou porter atteinte à sa considération ;

Si elle est dans le besoin, il lui doit des aliments;

Mais la mère ne peut jamais exercer la puissance paternelle, quand bien même le père serait mort; elle ne peut ni être tutrice de ses enfants, ni administrer leurs biens ; elle doit se contenter de surveiller l'éducation que le tuteur donne aux enfants et la manière dont il administre leur patrimoine.

Les innovations inspirées aux jurisconsultes et aux empereurs des trois premiers siècles, tout à la fois par les principes d'une philosophie souvent pénétrante et vraiment élevée, et par un sens pratique que l'on trouverait rarement en défaut, constituaient un très réel progrès; les empereurs chrétiens puisèrent plus haut encore, dans la doctrine évangélique, leurs inspirations : de là, malgré ses lacunes et ses imperfections, l'incontestable supériorité de leur œuvre.

L'égalité de droit entre le père et la mère est proclamée, la mère participe dans une certaine mesure à l'exercice de la puissance paternelle, c'est elle qui, à défaut du père, a la tutelle légale de ses enfants mineurs, elle a enfin les mêmes droits de succession que le père sur les biens de l'enfant prédécédé, et, comme lui, elle exclut tous les collatéraux du défunt, excepté les frères et sœurs qui sont, ne l'oublions pas, ses propres enfants.

Nous nous sommes spécialement attachés à exposer à grands traits les dispositions de la loi romaine, parce que c'est à elle plus qu'à toute autre que la législation française a emprunté un grand nombre de ses décisions; mais, si nous étudions les législations des autres peuples de l'antiquité, nous rencontrerons à l'égard de la femme des dispositions semblables : on admire en elle sa grâce ou sa beauté, on la considère tantôt comme une aide précieuse mais condamnée à la dépendance, tantôt comme un objet d'admiration ou un instrument de plaisir, mais on cherche en vain quelle place lui est réservée dans les lois, quelle satisfaction est donnée à la dignité de sa nature et à la dignité plus haute encore de la mère.

La vie patriarcale il est vrai nous offre un spectacle différent : la femme y est honorée, mais l'asservissement auquel elle est soumise est plus complet que partout ailleurs; situation préférable assurément à celle qui l'attend en d'autres lieux et en d'autres temps; lorsque, en effet, dans les civilisations affinées et corrompues de Rome et de l'Orient, les idées religieuses et la morale elle-même perdirent toute influence sur les peuples, que les passions, surexcitées de mille manières, ne rencontrèrent plus aucun frein, l'affranchissement qu'avait conquis peu à peu la femme lui fut presque toujours, au point de vue le plus élevé, un présent funeste : son honneur devint, en quelque sorte, la rançon de son indépendance.

Le peuple hébreu mérite cependant, entre tous les autres, une mention particulière. Chez lui, la femme, il faut le reconnaître, n'est pas traitée avec une moindre sévérité que partout ailleurs; la mère, au contraire, a, comme telle, à l'égard de ses enfants, un droit semblable à celui du père, et ce droit est rappelé avec une netteté, une force et une insistance très dignes de remarque.

Bornons-nous à transcrire quelques textes des Livres saints, entre beaucoup d'autres non moins décisifs :

« Honore ton père et ta mère, afin que tu vives longtemps sur la terre. »

« Celui qui honore sa mère est comme un homme qui a amassé un trésor; celui qui honore son père aura la joie dans ses propres enfants, il sera exaucé au jour de sa prière. »

« La bénédiction du père affermit la maison des enfants, et la malédiction de la mère la renverse jusqu'aux fondements. »

« Le fils qui afflige son père et chasse sa mère est misérable et infâme. »

Le christianisme confirma ces principes de l'ancienne loi; il consacra le droit de la mère et lui attribua, comme au père, la puissance paternelle; ainsi saint Paul, lorsqu'il expose les devoirs des enfants envers leurs parents, a toujours soin de comprendre l'un et l'autre dans la même formule, affectant, si on ose le dire, de n'établir pas de distinction entre eux. « Enfants, écrit-il, obéissez à vos parents dans le Seigneur, car cela plaît à Dieu. — Honore ton père et ta mère (c'est le premier commandement fait avec une promesse), afin que le bonheur t'arrive et que tu vives longtemps sur la terre. »

Les enseignements de l'Évangile dont nous avons signalé l'influence sur le droit romain, trouvèrent en Gaule, surtout à partir du ve siècle, un précieux auxiliaire dans les mœurs de ses habitants. Les Germains entouraient la femme de plus de respect qu'on ne lui en avait jamais témoigné, fût-ce aux meilleurs époques, à Rome ou chez les Grecs; même lorsque leurs instincts sauvages les empêchaient de reculer devant le meurtre d'une femme, du moins ils se faisaient un devoir de respecter son honneur; ils aimaient à voir en elle quelque chose de divin, sa présence dans les combats leur semblait une protection plus sûre que leurs armes et leur propre courage. Ces barbares, malgré la rudesse de leurs mœurs, pouvaient retrouver comme un écho de leurs propres sentiments dans une doctrine qui donnait à l'épouse et à la mère la place de choix qu'avant même de quitter leurs forêts ils leur avaient réservée auprès d'eux, sans qu'aucune pensée d'asservissement ou seulement d'infériorité se mêlât à cet hommage spontané, et en pût diminuer la valeur.

Ces éléments multiples et très divers qui ont contribué à la formation du droit français, n'ont pas eu partout, dans notre pays, la même influence.

Dans la région située surtout au midi de la Loire, l'action du droit romain a été dominante, presque exclusive ; dans le reste de la France, les institutions juridiques eurent principalement leur source dans les mœurs : source assez abondante pour qu'il fût inutile de recourir à des emprunts faits à des lois étrangères. Cette législation, née de traditions plusieurs fois séculaires et en quelque sorte du sol lui-même, était donc exactement appropriée au caractère, au genie de ceux qui lui obéissaient, elle constituait un droit vraiment national.

L'opposition profonde entre ces deux législations apparaît entre autres, si l'on envisage le caractère que chacune d'elles attribuait à la puissance paternelle. Dans les pays « de droit écrit », on reproduisait en principe la théorie romaine, concentrant entre les mains du père, durant toute la vie de l'enfant, tous les droits, toutes les prérogatives ; dans les pays coutumiers, au contraire, l'autorité paternelle n'est plus ce pouvoir organisé avec une logique et une rigueur inflexibles à l'image du pouvoir social lui-même, dussent les droits de la nature et du sang être sacrifiés : l'autorité du père fut, dès l'origine, « un pouvoir de direction tempéré par la piété paternelle », la mère fut donc appelée par nos coutumes, comme l'avaient fait déjà les Germains, à exercer auprès du père un pouvoir de protection, de tutelle, au profit des enfants, à remplir en commun avec lui les devoirs dont elle était tenue au même titre que lui.

L'antithèse est frappante, mais en réalité elle fut singulièrement atténuée, de telle sorte que dans le dernier état de l'ancien droit, on peut dire que, malgré les divergences de détail dont on ne saurait nier l'importance, le droit de la mère avait fini par triompher dans toute la France.

« Les vraies images de Dieu sur la terre, écrivait Étienne Pasquier, sont les pères et mères envers leurs enfants. »

Domat, un siècle plus tard, exprimait aussi la même pensée : « La première distinction qui assujettit des personnes à d'autres est celle que fait la naissance entre les parents et les enfants ; et cette distinction fait une première espèce de gouvernement dans les familles, où les enfants doivent l'obéissance à leurs parents qui en sont les chefs. [1] »

Pothier, de son côté, disait que « notre puissance paternelle est commune au père et à la mère ; néanmoins, ajoutait-il avec l'opinion générale de son temps, la mère étant elle-même sous la puissance de son mari, sans lequel elle ne peut rien faire, elle n'en peut exercer aucune sur ses enfants, si ce n'est du consentement et sous le bon plaisir de son mari [2]. »

On reconnaîtra sans peine dans ces quelques lignes les deux principes qui nous ont paru résumer l'ensemble des décisions du Code civil, touchant les droits de la mère au point de vue de la puissance paternelle.

Le droit de la mère est maintenant incontesté, et vraiment on se demande comment il a pu être si longtemps méconnu.

Une même raison, présentée d'ailleurs sous les formes les plus variées, a été donnée partout et dans tous les temps, pour justifier l'état d'infériorité, de dépendance de la femme, le refus de tout droit qui lui était infligé, souvent

1. *Le droit public* : liv. I, tit. I, sect. 1, n° 2.
2. *Traité des personnes et des choses*, édit. Buguet, t. IX, n° 134.

le mépris, voire la négation de la personnalité elle-même : c'est la faiblesse de son sexe.

Parle-t-on de la faiblesse physique? On comprend qu'aux temps primitifs, alors que l'état de guerre est permanent, que les agressions brutales soulèvent à chaque moment pour les peuplades comme pour les individus la question de vie ou de mort, ceux-là seuls qui peuvent repousser la violence par la violence obtiennent le respect de leurs personnes et de leurs biens, parce qu'ils savent au besoin l'imposer; le reste ne compte guère; là où le droit et la force sont à ce point confondus que l'un, semble-t-il, ne peut exister sans l'appui de l'autre, nul, on le conçoit, ne peut prétendre à aucun droit quelle qu'en soit la nature, qui, trop peu robuste pour porter les armes, est hors d'état de le défendre par la force.

Longtemps après que ces organisations rudimentaires eurent fait place à un état social régulier, le même reproche, formulé dans les mêmes termes, s'adressait encore à la femme, seulement les idées comme le sens des mots avaient profondément changé. Il ne pouvait plus être question de voir dans la force physique une condition nécessaire de la capacité juridique, le point de vue était plus élevé : « La faiblesse de l'intelligence, les défaillances de la volonté, desquelles résulte une regrettable facilité à se laisser aller aux entraînements d'une imagination excessive ou d'une sensibilité trop facile et trop prompte à s'émouvoir, la faiblesse de leur jugement et le caractère d'emportement assez ordinaire à ce sexe », voilà ce qui constitue la femme dans un état d'infériorité manifeste, par rapport à l'homme, et ne permet pas de lui reconnaître les mêmes droits.

L'égalité morale de l'homme et de la femme, le droit pour celle-ci de revendiquer toutes les prérogatives essentielles de la personnalité humaine ne sont point ici en question : ces vérités sur lesquelles nous nous ferions scrupule d'insister, ont enfin triomphé d'une manière définitive, on peut l'espérer, des préjugés et des contradictions qui les avaient si longtemps obscurcies. A la vérité, les qualités que nous rencontrons dans l'un et l'autre sexe sont bien différentes; mais ces différences n'impliquent nullement chez ceux qui les possèdent inégalité de nature; si par certains côtés la femme semble moins bien douée que l'homme, elle nous apparaît, par ailleurs, « nécessaire et supérieure »; les qualités que l'on remarque en elle ne sont pas, il est vrai, semblables à celles de l'homme, mais, dans leur ensemble, elles leur sont à tout le moins équivalentes; les contrastes que l'on peut aisément relever entre ces deux êtres, bien loin d'établir entre eux aucun antagonisme, ni de créer une supériorité essentielle de l'un à l'égard de l'autre, leur permettent de se compléter, de se perfectionner réciproquement : ils sont l'un des éléments de cette harmonie qui existe dans tout l'ensemble comme dans les détails de l'œuvre divine.

Non moins évidente que la diversité des aptitudes et des facultés respectives de l'homme et de la femme, apparaît la diversité des fonctions qui leur sont dévolues dans la famille et dans la société; et ici va se révéler et pourra se traduire dans les lois, une distinction nécessaire entre la condition de l'épouse et celle de la mère.

Établir un rapport aussi exact que possible, entre les devoirs et les droits de chacun, et le rôle qu'il doit remplir au milieu de ses semblables, est un principe essentiel des sciences sociales; cette observation, pour le remarquer en passant, permet de comprendre comment, parmi les défenseurs les plus résolus des droits de la femme, il en est beaucoup qui, sans se mettre en contradiction avec eux-mêmes, se refusent à lui accorder l'exercice des droits politiques; elle fournit de même, à la théorie de la puissance maritale, une base solide et une complète justification.

Que si l'on étudie d'un autre côté la condition respective

du père et de la mère, à l'égalité des dons et des aptitudes vient s'ajouter la similitude, on pourrait presque dire l'identité des fonctions; de là vient que les différences nécessaires existant entre les droits de l'homme et ceux de la femme, entre les droits de l'époux et ceux de l'épouse, perdent ici en très grande partie leur raison d'être.

Le plus grand, le plus impérieux besoin de l'enfant, c'est l'éducation.

Impuissance physique, intellectuelle et morale : voilà tout l'homme quand il vient au monde.

Sans doute, ce petit être possède en lui les énergies nécessaires pour combattre cette triple impuissance, mais il ne peut seul les mettre utilement en œuvre ; il faut que d'autres protègent son corps contre la maladie, ouvrent son intelligence à la vérité et lui en facilitent la conquête, affermissent sa volonté pour la lutte, et lui apprennent à dompter ses passions suivant les exigences de la loi morale : tel est l'objet, et tel est le but de l'éducation.

Le devoir et le droit d'élever leurs enfants appartiennent essentiellement au père et à la mère; nous disons : à l'un et à l'autre, à l'un comme à l'autre; il n'est pas possible en effet de les séparer l'un de l'autre, puisque Dieu lui-même les a associés dans son œuvre créatrice, dont celle-ci n'est que la suite et le développement.

L'éducation, pour être bienfaisante et atteindre pleinement sa fin, doit s'adresser à l'être tout entier de l'enfant, et mettre en action toutes ses puissances.

L'homme qui ne vivrait que par l'intelligence et la volonté serait un être incomplet, celui qui n'écouterait que les inspirations de son cœur et de sa bonté naturelle risquerait de s'arrêter à des déterminations que réprouveraient la raison et le bon sens; par suite, une éducation qui n'assurerait pas l'équilibre des facultés que la Providence a départies à l'enfant présenterait de graves dangers, dont le moindre serait la stérilité pour le bien.

La mission des parents est donc complexe et délicate, les difficultés qu'elle présente sont égales au moins à son importance, aussi, pour la mener à bien, le concours du père et de la mère est-il indispensable.

A cette œuvre, à laquelle chacun d'eux doit se consacrer tout entier, la mère prendra toujours une très large part. Pendant les premières années, elle en aura presque seule la charge ; l'enfant lui est plus intime qu'il ne l'est au père, leurs vies semblent se confondre encore ; elle verse dans son intelligence, à peine éveillée, les premières lueurs de la vérité ; elle lui révèle les pensées et les sentiments qui doivent pénétrer et vivifier sa jeune âme : c'est elle qui lui donne la première direction morale, c'est avec elle qu'il apprend à parler, qu'il s'essaye à penser ; il n'est pas d'obstacles ou de rébellion qui décourage sa patience, pas d'insuccès qui lassent son dévouement, ni de fatigues qui l'abattent ; quelles que soient ses préoccupations, ses angoisses, ses douleurs peut-être, vous la trouvez debout, alors que, depuis longtemps, le père s'est déclaré vaincu.

Au moment où prend fin la première enfance, le rôle du père s'affirme, et il grandit avec les années, mais l'influence morale de la mère n'en est pas diminuée, il semble même qu'elle devienne plus profonde et plus pénétrante à mesure que celui qui en recueille le bienfait est plus capable d'en connaître tout le prix ; sa clairvoyance n'a d'égale que la délicatesse avec laquelle elle ménage l'indépendance un peu ombrageuse parfois de l'adolescent ou du jeune homme, et, grâce à sa discrète réserve, la déférence qui est le devoir de l'épouse n'a jamais à souffrir de la sollicitude toujours en éveil de la mère.

Il est donc bien vrai que « la nature a voulu que la première initiation à la vie intellectuelle et morale fût l'ouvrage de la femme... Le plus savant d'entre nous, s'il faisait un recensement exact de toutes ses idées et de tous ses sentiments, reconnaîtrait que le meilleur de son cœur et de son esprit lui vient de sa mère... Quand, plus tard, un homme a la conscience droite, le cœur bien placé, quand il se sent en possession d'une volonté à la fois résolue et tranquille, c'est à sa mère, après Dieu, qu'il le doit[1]. »

C'est, dès lors, en toute justice, que les philosophes et les jurisconsultes s'accordent à donner « à la mère pour le moins une égalité de droits »; manifestement, l'entente en vue de l'éducation des enfants « ne se présente pas sous la forme simple d'une autorité prépondérante qui décide, et d'une force libre, mais subordonnée, qui concourt, mais sous la forme plus complexe de deux forces libres et égales, donnant à leur activité une direction commune ». Par rapport à l'enfant, l'autorité des parents est une, égale, solidaire; il doit obéir également à l'ordre du père et à celui de la mère, sans discuter laquelle de ces deux autorités est supérieure à l'autre[2].

Mais, puisqu'il en est ainsi, comment s'expliquer que ces mêmes hommes, philosophes, législateurs ou juristes, lorsqu'ils s'occupent de déduire les conséquences de ce principe d'égalité, imposent à la mère une condition de beaucoup inférieure à celle du père, lui refusent presque complètement, en présence du père, l'exercice de la puissance paternelle, ou, lorsque le père fait défaut, imposent à la mère des entraves, et à son action des limites que le père ne connaît pas?

Comment un droit égal, de l'aveu de tous, peut-il, suivant la personne qui l'invoque, avoir des conséquences si dissemblables?

1. J. Simon, *L'Ouvrière*, pp. 402-403.

2. A. de Margerie, *La Famille*, I, pp. 251-258. P. Janet, *La Famille*, p. 49. Comp. Boistel, *Cours de philosophie du droit*, II, nos 223 suiv., 228 suiv. Franck, *Philosophie du droit civil*, ch. V.

Deux idées encore expliquent les dispositions restrictives dont nous venons de parler :

Tant que le père peut exercer la puissance paternelle, la mère est écartée par suite de la dépendance dans laquelle elle se trouve en sa qualité de femme mariée ;

Lorsque le père disparait, c'est la femme que l'on veut atteindre dans la mère ; c'est, en d'autres termes, à raison de son sexe, que la mère est frappée d'incapacité.

La première de ces deux idées repose sur une confusion entre la puissance maritale et la puissance paternelle, entre les droits et les obligations des époux entre eux, ou dans leurs rapports avec leurs enfants.

La puissance paternelle présente ceci de particulier, qu'elle est, pour les parents, le moyen mis à leur disposition pour remplir les devoirs dont ils sont tenus envers leurs enfants. Assurément, c'est donner à la puissance paternelle une base trop étroite, que de la faire reposer uniquement sur les devoirs dont elle assure l'accomplissement ; la puissance paternelle est aussi un droit pour les parents ; mais ces deux points de vue, bien loin de s'exclure se prêtent au contraire un mutuel appui.

Or, nous l'avons rappelé, les droits de la mère et ses obligations sont semblables aux droits et aux devoirs du père ; il n'est possible d'établir entre eux aucune distinction de principe sans méconnaitre la nature des liens qui unissent les parents à leurs enfants, oublier le rôle qui est celui de la mère et nier l'autorité dont elle est revêtue.

Que devient cependant cette autorité quand on réduit légalement la mère au rôle d'un personnage que l'on consulte seulement lorsqu'on le juge bon, ou dont on peut impunément négliger les avis lorsque la loi nous a contraints à les lui demander ? On ne doit pas, à la vérité, dédaigner cette marque d'honneur donnée à la mère, mais il est permis de penser que cet honneur est insuffisant, et que le droit de la mère comme l'intérêt de l'enfant exigent une plus complète satisfaction.

Dans cette délibération, que nous estimons indispensable, entre deux raisons et deux cœurs animés d'une égale sollicitude, la mère fera valoir des considérations, des motifs décisifs peut-être, que, seul, le père n'aurait pas découverts; elle connaît son enfant mieux souvent qu'il ne se connaît lui-même; ne privons, ni celui-ci ni la famille entière de ces intuitions maternelles dont aucun n'a au même degré le secret: il ne faut pas que le père puisse, ainsi que le lui permet actuellement notre législation, traiter les avis de la mère ainsi qu'il ferait des remontrances, au moins inopportunes, d'une étrangère ou d'une indifférente.

La loi de 1889, relative à la déchéance de la puissance paternelle, rend plus désirable encore l'intervention du législateur. En retirant aux tribunaux le droit de limiter les pouvoirs du père ou de les lui enlever complètement, en dehors des circonstances graves qu'elle énumère limitativement [1], cette loi rend du même coup et dans la même mesure irrecevable tout recours aux tribunaux contre les abus d'autorité du père, et prive en particulier la mère de la sanction qui seule pouvait, au point de vue légal, lui permettre d'exercer avec une sérieuse efficacité la surveillance discrète sans doute, mais vigilante, que lui avait confiée le code civil. Le père, par exemple, a autorisé son fils à contracter un mariage contraire à tous ses intérêts, il le fait emprisonner sans autres motifs que son antipathie ou son extrême sévérité, il l'envoie passer sa jeunesse dans un climat dont les rigueurs peuvent compromettre sa santé; la mère connait ces choses, elle les déplore, mais ne peut rien pour détourner les périls qui menacent son

1. Voir ci-dessus pp. 9-10.

enfant : que reste-t-il pendant le mariage de son autorité proclamée si haut d'ailleurs[1] ?

Ici se présente une objection trop grave pour qu'il soit permis de la passer sous silence.

Proposer, dira-t-on peut-être, ce partage entre le père et la mère, c'est méconnaître le droit du chef de la famille, mettre, par suite, en péril la famille elle-même. A un moment et dans un pays où toute autorité est attaquée, où la notion même du pouvoir s'affaiblit chaque jour davantage, et où, en particulier, les enfants semblent avoir perdu jusqu'au sentiment de leurs devoirs, c'est une œuvre plus que coupable que celle qui porte atteinte à la plus auguste des autorités et, dans la personne de celui que la nature en a investi, limite les prérogatives de la puissance paternelle.

Que l'on veuille bien se rappeler les données du problème que nous nous essayons à résoudre, peut-être la réponse apparaîtra avec une suffisante clarté.

Plus que jamais il importe en effet d'affirmer les lois sur lesquelles repose la famille : la nécessité de l'autorité dans la société domestique comme dans toute autre, les devoirs des enfants, que l'on met trop en oubli, pour ne parler que de leurs droits, les droits aussi des parents, non moins sacrés que leurs obligations, le caractère providentiel de la puissance paternelle, et chez le père, la dignité comme le pouvoir du chef ; mais il ne saurait être interdit

1. La loi du 19 avril 1898, corrigeant ce qu'avait de trop absolu la loi de 1889, permet aux magistrats de retirer aux pères et mères la garde de leurs enfants « dans tous les cas de délits ou de crimes commis par les enfants ou sur ces enfants » (art. 4 et 5). Ce retour partiel à la jurisprudence qu'avait condamnée la loi de 1889, laisse subsister dans toute leur force nos observations, toutes les fois, et cette hypothèse sera de beaucoup la plus fréquente, que le père manque à ses devoirs envers ses enfants, sans que les actes qu'on peut lui reprocher constituent des infractions à la loi pénale.

de rechercher comment, dans l'organisation de la famille, doivent se combiner les divers éléments qui la composent, et si, en particulier, puisque tel est l'objet que nous poursuivons, le père et la mère ont reçu respectivement la place et les prérogatives qui appartiennent à chacun d'eux.

La puissance paternelle, on nous excusera de le rappeler, n'est pas la puissance du père seulement, elle est la puissance dont Dieu a investi les parents, la mère comme le père, et chacun d'eux doit pouvoir l'exercer de la manière et à l'aide des moyens qui lui sont propres.

Le père commande, et il arrive que l'enfant, sans aller jusqu'à la révolte, subit, plutôt qu'il ne les accepte, ces ordres qui s'imposent à lui sans parvenir à obtenir son adhésion ; la mère persuade, et si la docilité de l'enfant à son égard est moins méritoire, elle est plus prompte et plus complète ; peut-être l'un manquera de souplesse, l'autre de fermeté ; l'action du père est plus conforme à la nature vraie et un peu austère de l'autorité, la mère conquiert la raison par le cœur ; dans chacun d'eux l'enfant, avec raison, reconnait, respecte ou aime l'autorité : on court le risque de compromettre celle-ci lorsqu'on veut la concentrer sur une seule tête et en dépouiller au contraire celle en qui elle paraissait le plus incontestée parce qu'elle était plus irrésistible ; voilà, encore une fois, pour quels motifs la comparaison entre deux modes si divers ne saurait se résumer en une antithèse fausse et dangereuse, mais en la nécessité d'un concours qui assure à l'autorité commune une entière efficacité, grâce aux qualités diverses de ceux qui en ont le dépôt.

Les intérêts pécuniaires de l'enfant comme ses intérêts moraux réclament protection ; ils la trouveront de même, au moins pour les actes les plus importants, dans les décisions concertées des parents ; ceux-ci uniront leurs efforts, leurs réflexions, comme leur active sollicitude ; la mère apportera dans ces délibérations la prudence un peu craintive qui l'éloigne des entreprises hasardeuses auxquelles pourrait se laisser entraîner le père ; le patrimoine de l'enfant s'accroîtra peut-être moins vite, mais du moins l'on n'aura pas à craindre des catastrophes trop souvent irréparables.

Dans beaucoup de familles, il faut le dire à leur honneur, les choses se passent de la manière que nous venons d'indiquer : le père n'arrête aucune résolution grave sans s'être assuré de l'adhésion de la mère. Là donc où les mœurs ont établi et organisé l'autorité des parents sur sa véritable base, on ne saurait voir d'inconvénients à ce que la loi se mette d'accord avec elles, en constatant et consacrant leur existence ; mais cette pratique d'une action commune souffre de nombreuses exceptions : il est des pères qui, pénétrés souvent à leur insu des doctrines de la législation romaine, se considèrent comme des maîtres absolus et irresponsables devant qui tout droit n'a de valeur et d'efficacité que celles qu'il consent à lui accorder ; le fait est, dans ces circonstances, en contradiction avec la vérité : il appelle l'intervention du législateur.

Il ne suffira donc pas de déclarer que l'enfant doit à tout âge honneur et respect à sa mère comme à son père ; que « la mère, à côté du père, a le droit et le devoir, pendant la durée du mariage, de prendre soin de la personne de l'enfant [1] » ; que « le père exerce, durant le mariage, l'autorité paternelle de commun accord avec la mère [2] » ; — il serait indigne du législateur de promulguer des formules vaines auxquelles des dispositions ultérieures, destinées, semble-t-il, à en régler l'application, enlèveraient en réalité toute valeur et toute signification.

Assurer d'ailleurs à la mère l'exercice des droits qu'elle

1. *Nouveau code civil allemand*, art. 1631.
2. *Avant-projet de Code civil pour la Belgique*, art. 358.

tient de la nature, ce n'est pas méconnaître les droits — inviolables eux aussi — du père ; celui-ci reste, au contraire, et il doit nécessairement rester le chef de la famille; lui seul décide, lui seul commande dans toutes les circonstances, et elles se présentent à chaque moment dans le cours ordinaire de la vie, où le consentement de la mère ne sera pas exigé; alors même que la volonté de la mère doit concourir avec celle du père, celui-ci aura seul encore le droit de présider à l'exécution des mesures prises en commun, d'en régler en pleine liberté tous les détails; enfin, la prééminence du père s'affirmerait également toutes les fois que la vie de la famille se manifesterait hors du foyer et entrerait en contact avec l'extérieur ; c'est alors le père seul qui aurait le droit de représenter ses enfants en justice, ou, d'une manière plus générale, dans les rapports avec les tiers.

En une matière aussi importante, il serait sage que la loi précisât elle-même les actes à l'occasion desquels le consentement de la mère devrait intervenir; ainsi a fait, nous l'avons dit, le Code civil pour l'adoption ; il conviendrait de donner une solution semblable pour le droit de correction.

Quant au mariage, la règle pourrait être aussi que le consentement du père et de la mère serait indispensable ; elle aurait toutefois cette conséquence très grave d'apporter au mariage des enfants une entrave qui, peut-être, dans la crainte de ne pouvoir l'écarter régulièrement, conduirait les enfants à n'en pas tenir compte, et à vivre dans une union illicite. Le danger est incontestable, comme le prouvent les faits sous l'empire des décisions moins rigoureuses cependant de la loi française; aussi préférerions-nous qu'en cas de dissentiment entre les parents, le consentement de l'un ou l'autre suffit à la validité du mariage. Ainsi s'affirmerait avec la même énergie que maintenant l'autorité des parents, le droit de la mère recevrait une consécration légitime, et l'intérêt de l'enfant serait pleinement sauvegardé; ajoutons que cette décision nouvelle, tout en maintenant le principe consacré par le Code civil, de la nécessité du consentement des parents, aurait le mérite de se rapprocher des règles du droit canonique; on sait, en effet, que, d'après cette législation, le mariage contracté sans le consentement des parents n'est jamais nul de ce chef, mais il peut être illicite; toutefois ce dernier caractère même peut être écarté; un savant canoniste énumère quelques-unes des circonstances dans lesquelles il en sera ainsi, puis il ajoute qu'à plus forte raison on doit décider de même, c'est-à-dire que le mariage est licite si l'un des parents — que ce soit le père ou la mère — accorde son consentement, tandis que l'autre le refuse [1]. La solution que nous souhaiterions voir inscrite dans nos lois établirait donc un nouveau point de contact de deux législations entre lesquelles il serait si désirable de constater une entière harmonie.

En ce qui concerne le patrimoine des enfants, le père en conserverait, sans aucune limite nouvelle, l'administration; il devrait, au contraire, s'assurer, pour tous les autres actes, le consentement de la mère. Les règles de la tutelle fourniraient sur ce point de précieuses indications; on pourrait, par exemple, déclarer que ce consentement de la mère serait nécessaire pour tous les actes qu'un tuteur ne peut pas faire sans l'autorisation du conseil de famille : accepter ou répudier une succession à laquelle est appelé l'enfant, en provoquer le partage etc.; nous ne verrions même nulle objection à ce que la justice fût appelée par la loi à homologuer la décision prise en commun par les père et mère, lorsque cette homologation est exigée pour donner toute leur force aux délibérations du conseil de famille d'un mineur en tutelle; ainsi en

1. Mgr Gasparri, *Tract. canon. De matrimonio*, t. I, n° 487.

serait-il entre autres si les parents voulaient aliéner les immeubles de l'enfant ou des meubles incorporels, dont la valeur dépasserait 1.500 francs en capital.

L'accord entre le père et la mère ne se réalisera pas toujours; entre personnes inspirées d'un même sentiment et animées des intentions les plus droites peuvent se produire des dissentiments irréductibles à raison de leur droiture même et de l'inflexibilité de leur conscience.

Qui donc tranchera ce différend? Sans doute, il serait très désirable que les époux trouvassent parmi ceux qui les entourent cet homme sage auquel saint Paul[1] conseillait déjà aux fidèles de son temps de soumettre les litiges qui s'élèveraient entre eux: mais les avis de cet arbitre volontaire — s'il se rencontre — seront-ils toujours écoutés?

Il importe donc de désigner une autorité plus haute, et dont les décisions puissent vaincre toutes les résistances. Le conseil de famille semblerait au premier abord mériter la préférence, car rien de ce qui touche aux intérêts de la famille ne saurait lui être étranger; son intervention cependant doit être écartée. Le conseil de famille, comme la famille tout entière, doit être un agent d'union, de concorde, de sympathie; son intervention, au contraire, ne pourrait guère qu'aggraver le conflit qu'il aurait pour mission de terminer, et d'exposer des personnes entre lesquelles des relations cordiales sont à la fois naturelles et nécessaires à de regrettables dissentiments.

Mieux vaudrait donc que le pouvoir social intervienne, représenté par l'autorité judiciaire; le tribunal aurait ici en quelque sorte une fonction toute familiale, les formes ordinaires de la procédure seraient écartées; il statuerait en chambre du conseil, après avoir entendu l'enfant directement intéressé, le père et la mère, les autres ascendants,

1. I Cor., ch. V, vers. 6.

et, s'il le jugeait nécessaire, les autres membres de la famille.

Même ainsi comprise, l'intervention de la justice nous apparaît comme une ressource extrême, à laquelle il ne faudrait recourir que si tout autre effort en vue d'un accord s'était trouvé infructueux; dans ces conditions, elle trouve sa justification dans sa nécessité même.

Le divorce fait naître une situation aussi délicate qu'elle est douloureuse.

Le Code civil se borne à décider, pour cette hypothèse, que les enfants seront confiés à l'époux qui a obtenu le divorce, réservant cependant au tribunal le droit d'ordonner pour le plus grand avantage des enfants que tous ou quelques-uns d'entre eux seront confiés aux soins soit de l'autre époux, soit d'une tierce personne (art. 302); mais aucun texte ne prononce d'une manière générale la déchéance de la puissance paternelle à l'égard de celui des époux contre qui le divorce a été prononcé; aussi certains commentateurs proposent-ils de conserver la prééminence du père, le divorce eût-il été prononcé contre lui : « cela, tant à raison de l'esprit général de la loi que pour éviter autant que possible les contestations judiciaires entre des époux déjà aigris l'un contre l'autre » ; plusieurs, au contraire, maintiennent ou attribuent la puissance paternelle à celui qui aurait obtenu le divorce ; la mère, par exemple, aurait alors, avec le droit de correction et le droit d'éducation, l'administration et la jouissance légale des biens des enfants [1]. Cette dernière opinion ne se concilie que difficilement avec le Code civil ; on peut même actuellement déduire un motif très sérieux de l'écarter, de la disposition toute récente dans laquelle le

1. Parmi les interprètes qui adoptent cette opinion, quelques-uns enseignent que la séparation de corps reste au contraire en principe sans influence sur la puissance paternelle.

législateur, prévoyant qu'un dissentiment se produit au sujet du mariage de leur enfant, entre époux divorcés ou séparés de corps, décide que le consentement de celui des deux au profit duquel le divorce ou la séparation aura été prononcé, et qui aura obtenu la garde de l'enfant, suffira (art. 152, C. c., modifié par la loi du 20 juin 1896). On remarquera, en effet, les deux conditions à la réunion desquelles est soumise l'application de cette solution nouvelle, et l'on conclura, avec la première des deux doctrines indiquées plus haut, que si la mère par exemple n'a pas obtenu, en même temps que le divorce, la garde de son enfant, le consentement du père suffira, même si le jugement a été rendu contre lui.

La théorie que nous avons exposée, touchant les droits respectifs du père et de la mère, nous semble écarter, dans la mesure où ils peuvent l'être, les périls et les difficultés résultant du divorce.

Le divorce dissout l'association conjugale, il entraîne extinction des droits et des obligations réciproques des époux ; mais il ne porte aucune atteinte aux liens qui unissent les enfants à leurs père et mère ; par suite, il laisse intacts, en principe, les devoirs et les droits qui sont la conséquence de ces liens, et se résument dans la puissance paternelle d'un côté, de l'autre dans les devoirs d'honneur, de respect et d'obéissance [1].

Évitons donc, comme nous l'avons fait déjà, une assimilation exagérée entre la puissance paternelle et la puissance maritale, et gardons-nous entre autres d'étendre d'une manière absolue jusqu'au père la déchéance qu'entraînerait contre le mari le jugement prononçant contre lui le divorce : tel a pu manquer de la façon la plus grave à ses devoirs à l'égard de sa femme, dont la tendresse

1. Cette observation s'applique à plus forte raison au cas de séparation de corps.

envers ses enfants, les soins vigilants à défendre leurs intérêts ne se trouveront pas en défaut.

Et cependant, les faits qui ont amené la rupture du mariage ont révélé la plupart du temps entre les époux, au point de vue moral, une différence dont le législateur doit tenir compte; d'une part, une conscience fermée à la notion du devoir ou une volonté moins forte pour l'accomplir, des passions dont les exigences ont seules été entendues; de l'autre, le respect de sa propre dignité et du droit d'autrui, lors même que le droit que l'on pourrait invoquer est outrageusement méconnu, une volonté persévérante, qui malgré les provocations a su éviter les défaillances; — l'enfant, témoin de la lutte qui se déroule sous ses yeux, frappé du contraste qui s'impose à son attention ne peut, au fond de son cœur, rester sourd à la voix qui lui dit de quel côté est la justice, et d'où lui viendront les exemples à suivre, la direction qui ne pourra pas l'égarer.

Le tribunal, appelé à statuer sur les conséquences du divorce au point de vue des enfants, confiera la garde de ceux-ci à celui des père et mère qui lui semblera lui présenter les plus sérieuses garanties; son choix, à moins que l'intérêt de l'enfant ne lui impose une mesure différente, se fixera naturellement sur celui des deux qui aura obtenu le divorce[1], et, en agissant ainsi, il donnera de plus satisfaction à ces impressions du sens moral, desquelles l'enfant, quoiqu'il s'en défendit, n'aura pu s'affranchir.

Le droit de garde entrainerait au profit de la mère, s'il lui était confié, l'administration légale et le droit de jouissance des biens des enfants.

Mais nous n'irions pas plus loin; ne l'oublions pas, en effet, le mari même coupable n'en demeure pas moins le père, et il n'est pas permis de lui enlever les droits qui lui appartiennent en cette qualité, si une déchéance nouvelle

1. Comp., *Code civil allemand*, art. 1635.

et distincte n'est venue le frapper, motivée par l'oubli de son devoir paternel.

Par suite, pour tous les actes en vue desquels nous avons exigé avant le divorce l'accord du père et de la mère — direction générale de l'éducation de l'enfant, mariage, correction, adoption, actes les plus importants relatifs aux biens — cet accord, même après le divorce, demeurera nécessaire, et, s'il ne se produit, la justice prononcera ; dans tous les autres cas, la mère à qui aura été remise la garde de l'enfant, aura exactement les mêmes prérogatives que le père avant la dissolution du mariage, et les exercera avec la même liberté.

Cette collaboration d'époux divorcés provoquera-t-elle les conflits aigus que redoutent d'excellents esprits ? Nous ne le pensons pas : ces conflits, lorsqu'ils se produiront, résulteront de la situation créée par le divorce, et plus encore par les faits qui l'ont motivé ; il serait injuste d'en voir la cause dans la solution que nous avons proposée ; du moment, au contraire, que les intérêts de l'enfant seront en jeu, la tendresse du père et de la mère fera taire, ne fût-ce que pour quelques heures, les griefs — si vifs soient-ils — des époux ; est-ce même une illusion d'espérer que ces communes préoccupations, et la nécessité d'arrêter ensemble leur pensée sur des sujets auxquels chacun d'eux porte peut-être encore le même intérêt passionné, ne seront pas sans exercer parfois une heureuse influence dont le fruit pourrait être la réconciliation ?

Lorsque le mariage est dissout par la mort du mari ou que même durant le mariage le père ne peut plus exercer la puissance paternelle, le droit légal de la mère jusqu'alors en quelque sorte paralysé, va pouvoir s'exercer à son tour ; mais il ne sera pas toujours, d'après le Code civil, aussi libre entre ses mains qu'en celles du père [1].

1. Voir ci-dessus, pp. 12-15.

Pour expliquer ces restrictions, il n'est plus possible évidemment d'invoquer la subordination de l'épouse et de la mère à l'égard du chef de famille, la seule raison que l'on en puisse donner est la faiblesse de la femme, faiblesse inhérente à son sexe, et dont la maternité n'a pas pu l'affranchir.

Pothier, parlant de l'incapacité de la femme mariée, que beaucoup justifiaient alors comme maintenant par la même idée, répondait avec son ferme bon sens : « Le besoin qu'a la femme de l'autorisation de son mari n'est pas fondé sur la faiblesse de sa raison, car une femme mariée n'a pas la raison plus faible que les filles ou les veuves, qui n'ont pas besoin d'autorisation[1] ». La même observation pourrait s'appliquer à la mère lorsqu'elle est investie de l'exercice de la puissance paternelle ; ici toutefois elle n'aurait pas la même force ; en effet, les actes de la fille ou de la veuve sans enfants ne mettent en jeu et ne peuvent compromettre que ses propres intérêts ; il en est tout différemment de la mère qui a comme telle des devoirs tout particuliers, puisqu'il lui appartient de prendre soin de la personne et aussi le plus souvent des biens de ses enfants. Cette situation pourra permettre de comprendre que la loi apporte à la capacité de la mère, comme elle l'a fait quelquefois pour le père, quelques restrictions destinées à protéger les enfants ; néanmoins de la remarque de Pothier, et du fait que le législateur accorde en principe une pleine capacité civile à la fille ou à la veuve, nous retiendrons qu'au point de vue juridique, aucune infériorité essentielle, dérivant exclusivement de son sexe, ne peut atteindre la mère.

Serait-ce donc à raison des devoirs plus nombreux et plus délicats qui lui incombent en cette qualité, que l'on restreindrait les droits de la mère ? De ces devoirs nul ne

1. *De la puissance du mari*, n° 3.

peut méconnaître la souveraine importance, mais qu'on ne l'oublie pas non plus : la mère a reçu pour les remplir des aptitudes, une force, des vertus que nul, sans excepter le père lui-même, ne possède à un plus haut degré, et volontiers nous affirmerons que pour lui permettre de se montrer à la hauteur de ses obligations, bien loin de limiter ses droits, il faut lui permettre, à moins que des motifs supérieurs, irrésistibles, ne s'y opposent, d'exercer sans entraves son autorité maternelle.

Parmi les dispositions restrictives que nous avons étudiées, les unes sont toujours applicables, même si la mère reste veuve, les autres au contraire sont exclusivement la conséquence d'un second mariage qu'elle contracterait.

Une réflexion d'un caractère général trouve tout d'abord sa place ici. La mère veuve fût-elle remariée a seule le droit de diriger l'éducation de son enfant, de consentir à son mariage, à son adoption, à son émancipation : comment, après cet hommage rendu à sa sagesse et à sa clairvoyance, expliquer qu'on lui témoigne une si grande défiance lorsqu'il s'agit d'exercer par exemple le droit de correction ?

Si comme on le prétend « la mère est plus faible que le père, plus accessible aux influences étrangères, plus prompte à s'alarmer, à céder à des résolutions irréfléchies », la prudence exigeait qu'on lui interdît de faire les actes si graves qui cependant lui sont permis, et d'ailleurs est-il bien sûr que le père lui-même ne cède jamais, lorsqu'il fera détenir son fils, à un sentiment d'excessive sévérité, mesure comme il le faudrait la gravité d'une détermination qui, si elle peut être salutaire, peut aussi avoir de très regrettables conséquences ? Quel que soit celui qui l'exerce, le droit de correction peut présenter des dangers : le législateur a donc le droit incontestable d'intervenir, mais les règles qu'il édictera devront être, sans distinction, applicables au père comme à la mère[1] ; celle-ci aurait donc à défaut du père le droit de correction, mais seulement — comme le père d'ailleurs — par voie de réquisition ; et si l'on jugeait à propos de maintenir la nécessité pour la mère d'obtenir le concours des deux plus proches parents paternels, une règle semblable devrait s'appliquer au père devenu veuf.

Non moins sujette à critique est la décision de la loi de 1889 qui fait rejaillir jusque sur la mère, en la privant *ipso facto* de la puissance paternelle, le jugement qui a prononcé la déchéance du père : que ce jugement puisse, à raison des circonstances et d'une sorte de complicité que l'on pourrait reprocher à la mère, étendre jusqu'à celle-ci les conséquences de l'indignité du père, ce serait déjà chose très grave et qu'autoriserait seul l'intérêt manifeste des enfants, mais nous n'admettrions pas que l'on pût attribuer un effet plus accentué à une décision de justice qui par sa nature même devrait avoir, en principe, un caractère tout personnel[2]. En tout cas, et jusqu'au moment où la loi aura été modifiée sur ce point, il faudrait tout au moins, à la mort du père déchu, donner à la mère le droit de demander aux tribunaux que la puissance paternelle lui soit restituée[3].

On connaît la disposition en vertu de laquelle le père peut nommer à la mère survivante un conseil spécial sans l'assentiment duquel elle ne pourra faire aucun acte relatif à la tutelle.

Cette institution du conseil de tutelle n'est pas de celles

1. *Codes civils* : *Espagnol*, art. 156, 158 ; *Portugais*, art. 147, 156 ; *Italien*, art. 220 ; *Allemand*, 1631, 1688.
2. *Code civil, allemand*, art. 1684-2°.
3. *Tandière*, pp. 353, 380-381.

qui s'imposent au législateur, néanmoins nous estimons qu'il y a lieu de la maintenir, mais, dussions-nous paraître encourir le reproche d'inconséquence, nous ne proposerions pas d'accorder un droit semblable à la mère[1].

Ce n'est pas que nous admettions l'incompétence ou l'inaptitude naturelle de la femme en ce qui concerne l'administration d'un patrimoine, ou la gestion d'une entreprise commerciale ou industrielle. L'accession de la classe agricole à la propriété du sol est en grande partie le fruit de l'intelligence, de l'ordre, de l'activité avec laquelle la femme du cultivateur recueille et fait fructifier les produits du travail de son mari : tâche modeste, qui réclame une attention de tous les instants et pour laquelle, Aristote le remarquait déjà, la femme est admirablement préparée.

Si l'on envisage un ordre d'intérêts moins humbles, qui ne se rappelle que, dans la première moitié de ce siècle encore, les femmes de commerçants étaient le plus souvent associées étroitement au travail et aux soucis de leurs maris; que, par leur esprit d'économie, d'organisation, de prudente hardiesse, elles ont contribué pour une très large part à conduire jusqu'à une prospérité inespérée des établissements qui avaient eu les commencements les plus modestes; lorsque les circonstances les placèrent seules à la tête d'entreprises de cette nature, elles se montrèrent à la hauteur de leur mission, et l'expérience a démontré péremptoirement que leur prévoyance autant que leur probité leur a permis plus souvent qu'aux hommes d'éviter les mécomptes ou les catastrophes[2].

1. La loi anglaise du 25 juin 1886 permet à la mère d'imposer un conseil au père qui lui survit.

2. Glasson, Éléments de droit français, t. I, p. 181. Les comptes rendus de la justice civile et commerciale en France constatent que la proportion des faillites pour les hommes et pour les femmes est tout à l'avantage de celles-ci.

Toutefois, surtout depuis quelque cinquante ans, des circonstances multiples et de nature très variée ont contribué à rendre de plus en plus rare cette collaboration de la femme qui fréquemment avait de si heureux résultats. Dès lors, aujourd'hui beaucoup plus que par le passé, la femme devenue mère, presque complètement absorbée par ses nouveaux devoirs, ne peut développer que trop incomplètement les dons qu'elle avait reçus de la nature, ni acquérir l'expérience nécessaire pour prendre soin, d'une manière utile, de ses propres affaires et des intérêts de ses enfants.

Voilà pourquoi nous pensons qu'il n'y a lieu ni de retirer au père le droit de désigner un conseil de tutelle ni d'accorder un droit réciproque à la mère. L'égalité des droits que nous poursuivons ne s'impose pas ici, puisque, au point de vue de l'administration des biens, les aptitudes de la mère peuvent n'être pas suffisantes; nous devons l'ajouter, en étudiant les droits des parents nous avons surtout envisagé les attributs essentiels de la puissance paternelle, or tel n'est pas, en soi, le caractère de celles des prérogatives qui ont trait au patrimoine ; ce qui le prouve, c'est que le père et la mère conservent après la dissolution du mariage la puissance paternelle, mais qu'ils perdent au contraire l'administration légale ; c'est encore qu'ils peuvent être écartés de la tutelle légale qui leur appartient en qualité de parents, sans que la puissance paternelle leur soit également enlevée.

L'institution du curateur, nommé par le conseil de famille lorsqu'à la mort du mari la femme est enceinte, ne peut être maintenue dans nos lois.

Cette institution presque toujours inefficace, en tous cas contraire à nos mœurs, est de plus barbare, en tant qu'elle présume entre autres chez la femme la pensée criminelle de supprimer l'enfant qu'elle porte ; institution odieuse enfin, si l'on observe que cet injurieux soupçon s'applique uniquement à l'épouse légitime, et qu'aucune mesure semblable n'est prescrite à l'égard de celles qui auraient contracté des unions irrégulières ou même criminelles.

L'état de grossesse dans lequel se trouverait la femme, au décès de son mari, ne devrait donc donner lieu à l'application d'aucune mesure particulière ; si la femme a déjà d'autres enfants, la tutelle organisée en faveur de ceux-ci s'étendra jusqu'au jeune frère qui viendra bientôt prendre place au milieu d'eux ; si la femme n'a pas encore d'enfants vivants, la tutelle sera organisée en vue de la naissance de celui qu'elle attend, et s'il est nécessaire fonctionnera sans retard.

Le second mariage d'un père ou d'une mère qui ont des enfants issus d'une précédente union a toujours éveillé l'attention du législateur et lui a dicté des mesures destinées à sauvegarder les intérêts de ces enfants. Une tendresse qui s'émousse, une sévérité plus ombrageuse, une partialité qui ne se dissimule qu'avec peine, un soin moins attentif à tout ce qui peut contribuer au bien moral ou matériel, voilà souvent — sous réserve, est-il besoin de le dire, des exceptions auxquelles on ne doit pas mesurer l'éloge ou la sympathie — les sentiments et la manière d'être, également défavorables aux enfants du premier lit, que suggère au père ou à la mère remariés l'influence du second époux et des enfants que lui donnera cette nouvelle union.

La puissance paternelle ne subit en thèse générale aucune restriction par suite des secondes noces ; qu'il s'agisse de l'éducation des enfants du premier lit, de leur mariage ou de leur adoption, les parents conservent tous leurs droits dans leur intégrité, aucune distinction n'est faite entre le père et la mère ; mais après avoir consacré dans ses plus notables applications[1] le principe d'égalité, la loi y apporte, sur plusieurs points, au détriment de la mère, des dérogations importantes.

Serait-il donc vrai que l'influence du deuxième conjoint ait plus de prise sur le cœur et sur la volonté de la mère?

L'expérience ne l'a nullement prouvé, et il semble bien que le sentiment général, dont le témoignage, pour n'être pas concluant, a cependant une réelle valeur, autorise l'opinion contraire, car il n'a pas imaginé, pour désigner un second mari, une expression flétrissante semblable à celle de marâtre; jugement inique cependant, parce qu'il est exclusif : ni l'un ni l'autre sexe malheureusement n'échappe aux défaillances ou aux passions dont les enfants d'un premier lit sont fréquemment les victimes.

Écartons donc ici, en règle générale, toute différence juridique, car rien ne la justifierait ; et si le fait de contracter un second mariage doit suggérer quelque mesure de prudence en faveur des enfants, qu'elle s'impose au père comme à la mère, puisque chacun peut la rendre nécessaire; par suite, permettons entre autres à la mère remariée d'exercer, dans les mêmes conditions que le père, le droit de correction.

Poursuivant les conséquences de la même idée, on devrait décider que le père survivant serait tenu, lui aussi,

1. D'après l'article 1098 du Code civil, « l'homme ou la femme ayant des enfants d'un autre lit contractera un second ou subséquent mariage, ne pourra donner à son nouvel époux qu'une part légitime d'enfant le moins prenant, et sans que dans aucun cas ces donations puissent excéder le quart des biens ».

L'édit des secondes noces, de 1560, auquel cette disposition a été empruntée, ne parlait que des « femmes veuves » ; mais les commentateurs l'avaient également appliquée aux veufs, « lesquels, disaient-ils, n'ont pas à se plaindre de cette extension, attendu qu'elle ne les regarde qu'en tant qu'ils témoignent autant de faiblesse que la femme » (Ricard, Donations, 2e partie, n° 1189).

lorsqu'il voudrait contracter un second mariage, de convoquer le conseil de famille, qui déciderait si la tutelle doit lui être conservée[1] ; il est bien vrai, ce sont particulièrement les intérêts matériels de l'enfant qui sont ici en jeu, mais le législateur n'a-t-il pas jugé (art. 1098 C. c.) avec toute raison, que même à ce point de vue, l'enfant d'un premier lit a droit à sa protection ?

Si le mari était écarté de la tutelle par le conseil de famille, il perdrait, comme la mère dans le même cas, le droit de choisir un tuteur à ses enfants.

Nous voudrions enfin que le père qui se remarie fût privé, comme le fait la loi pour la mère, de la jouissance légale des biens de ses enfants mineurs[2] : que si cette déchéance ne paraissait pas suffisamment justifiée pour le père, elle ne devrait plus être prononcée, davantage, contre la mère remariée.

En résumant les dispositions du Code civil touchant la puissance paternelle nous avons remarqué que cette puissance, empruntant sa raison d'être non pas au mariage mais au fait de la génération, devait en principe appartenir aux pères et mères naturels comme aux pères et mères légitimes. Il convient de noter cependant que la situation particulière dans laquelle se sont eux-mêmes placés les parents naturels rend plus nécessaire encore l'intervention des tribunaux, et justifie pleinement les restrictions que la loi jugerait convenable d'apporter à leur droit ; mais elle ne saurait autoriser à leur enlever le droit lui-même.

Indiquons, en quelques mots, de quelle manière les idées que nous avons exposées jusqu'ici devront s'appliquer aux pères et mères naturels.

La participation de la mère naturelle à l'exercice de la

1. Comp. *Code civil allemand*, art. 1669 et 1670.
2. Comp. *Code civil d'Italie*, art. 632.

puissance paternelle, lorsque le père a également reconnu leur enfant commun, semble ne pas devoir soulever les mêmes objections que pour la mère légitime ; à celle-ci, en effet, on a opposé, nous l'avons vu, que la puissance du chef de famille, à laquelle elle est soumise comme épouse, devait, par une conséquence nécessaire, limiter également, et, s'il le fallait, paralyser les droits de la mère ; mais ce rapprochement, à tout le moins exagéré lorsque l'on parle de la mère légitime, ne peut nullement s'appliquer à la mère naturelle, à l'égard de laquelle n'existe pas le pouvoir marital ; la question est donc ici beaucoup plus simple, le droit de la mère est seul en jeu, et non pas le droit de l'épouse, et ce droit de la mère est en lui-même, nous n'avons plus à y insister, semblable à celui du père, il réclame donc le même respect et doit entraîner les mêmes prérogatives. La faute dont se sont rendus coupables les parents naturels expliquera sans doute les restrictions apportées, en ce qui les concerne, aux attributs de la puissance paternelle, mais il n'est pas permis d'en tirer un motif pour imposer à la mère naturelle une inégalité de droits, une subordination plus marquée que ne devrait l'être celle de la mère légitime ; bien moins encore expliquerait-elle que le père naturel pût, dans l'exercice de son pouvoir, jouir d'une liberté plus grande qu'on ne l'assure au père légitime, réclamer une indépendance plus complète, entièrement affranchie du contrôle de la mère.

Nous ne sommes pas arrêtés davantage par la crainte des difficultés plus graves que soulèvera cette action parallèle des pères et mères naturels, difficultés résultant de ce qu'entre eux n'existe pas de lien légal et qu'ils sont d'ailleurs souvent de conditions sociales très diverses.

Sur ce dernier point, l'objection n'aura guère en fait de portée pratique, car sous l'empire d'une législation qui repousse, comme la nôtre, la recherche de la paternité, il est rare, malheureusement, que des parents naturels appartenant à des milieux sociaux très différents, reconnaissent l'un et l'autre leurs enfants; or il est manifeste que la collaboration qui nous occupe n'est juridiquement possible que sous cette condition que l'enfant aura été reconnu, tout à la fois, par son père et par sa mère; si, par une heureuse exception, une double reconnaissance est intervenue, elle dénote chez les parents naturels qui ont pris cette décision malgré les considérations très puissantes ou très spécieuses qui pouvaient les en détourner, un juste sentiment de leurs devoirs envers leurs enfants et de la nécessité de réparer autant qu'il dépend d'eux les conséquences de la faute dont les enfants sont les premières victimes : double sentiment qui s'affirmera, on peut l'espérer, par un entente plus étroite, toutes les fois que s'offrira pour eux l'occasion de faire passer dans leurs décisions ou dans leurs actes cette pensée d'expiation et de réparation.

Objectera-t-on qu'il n'y a pas de lien légal entre les parents naturels? Sans doute, nous ne trouverons pas entre eux le lien résultant du mariage qui unit les pères et mères légitimes, créant entre eux les rapports, les devoirs et les droits d'époux et d'épouses; mais nous constatons entre les pères et mères naturels la communauté d'obligations, de devoirs, qui résulte de ce fait qu'ils ont donné l'être à leurs enfants; or, ces devoirs et ces obligations, la loi civile, à l'exemple de la loi morale, les consacre, tout en maintenant sa réprobation pour des unions formées en dehors de ses prescriptions, et elle leur attache les sanctions dont elle dispose : au point de vue du mariage des enfants, du droit de correction, du respect dont ces enfants sont tenus envers eux, la loi moderne applique, avec toute raison, les mêmes dispositions aux parents légitimes et aux parents naturels; nous voudrions que, dans la mesure où le permettrait la nature des choses telle qu'elle résulte de l'absence d'un mariage légitime, cette assimilation légale fût étendue conformément aux idées que nous avons développées en parlant des pères et mères légitimes [1].

En nous attachant au même principe, nous allions dire au même procédé d'assimilation, nous déciderons que la mère naturelle, à défaut du père, aura l'exercice de la puissance paternelle ; ses pouvoirs seront, sous la réserve que nous venons de faire, identiques à ceux qui appartiennent, dans la même hypothèse, à la mère légitime ; quelques-unes des conséquences qui découlent, en ce qui concerne les parents naturels, de notre principe et des exceptions qu'il comporte, ont été signalées [2] : on nous pardonnera de ne pas insister plus longuement sur ce point.

Nous n'avons pas eu la prétention d'épuiser, dans ces quelques pages, un sujet dont chacun des divers aspects exigerait une étude approfondie et qui dans son ensemble met en jeu des intérêts si complexes et soulève de si graves problèmes ; parmi les idées que nous avons exposées, plusieurs sont connues de tous et généralement admises ; bien peu — en est-il même quelqu'une ? — sont entièrement nouvelles ; quoi qu'il en soit, nous espérerions n'avoir pas fait œuvre inutile, si nous étions parvenu à faire entrevoir comment on pourrait formuler, avec plus de précision que ne l'a fait la loi française, les principes qui servent de base à la puissance paternelle et doivent en inspirer l'organisation, établir entre ces principes et les conséquences qu'il convient d'en déduire une harmonie plus complète, dégager, en un mot, une théorie qui, dans sa généralité et par sa généralité même, puisse s'adapter à toutes les situations si diverses auxquelles elle devra s'appliquer.

1. La mère naturelle aura même une double prérogative qui ne peut appartenir à la mère légitime : elle donnera son nom à l'enfant et lui communiquera sa nationalité.

2. Voir ci-dessus, pp. 16-18.

www.ingramcontent.com/pod-product-compliance
Ingram Content Group UK Ltd.
Pitfield, Milton Keynes, MK11 3LW, UK
UKHW020023080726
13614UKWH00004B/1517